Kinderängste überwinden

Mabuse-Verlag

Erste Hilfen Band 18

Stefan Hetterich ist Diplom-Psychologe und tiefenpsychologischer Kinder- und Jugendlichen-Psychotherapeut. Nach seinem Studium begann er seine Tätigkeit in der Kinder- und Jugendpsychiatrie, wechselte später in eine Erziehungsberatungsstelle und praktiziert nun seit 2011 in eigener Praxis. Seit insgesamt über 17 Jahren begleitet er psychisch kranke Kinder und Jugendliche sowie deren Eltern.

Er betreibt die Seite stabile:kids (stabilekids.com), eine umfassende Elternakademie, die Eltern dabei unterstützt, psychische Krisen ihrer Kinder besser zu verstehen und hilfreich zu begleiten.

Unter stabilekids.com/angst-buch findest du dein weiterführendes Bonusmaterial zu diesem Buch.

Stefan Hetterich

Kinderängste überwinden

Das Sechs-Schritte-Arbeitsbuch für Eltern

Mabuse-Verlag
Frankfurt am Main

Bibliografische Information der Deutschen Nationalbibliothek

Die Deutsche Nationalbibliothek verzeichnet diese Publikation in der Deutschen Nationalbibliografie; detaillierte bibliografische Angaben sind im Internet unter http://dnb.d-nb.de abrufbar.

Informationen zu unserem gesamten Programm, unseren AutorInnen und zum Verlag finden Sie unter: www.mabuse-verlag.de.

Wenn Sie unseren Newsletter zu aktuellen Neuerscheinungen und anderen Neuigkeiten abonnieren möchten, schicken Sie einfach eine E-Mail mit dem Vermerk „Newsletter“ an: online@mabuse-verlag.de.

3. Auflage 2025

Kasseler Str. 1 a
60486 Frankfurt am Main
Tel.: 069 – 70 79 96-22
Fax: 069 – 70 41 52
vertrieb@mabuse-verlag.de
www.mabuse-verlag.de
instagram.com/mabuseverlag
facebook.com/mabuseverlag
twitter.com/MabuseVerlag

Lektorat: Linde Löffler, Frankfurt am Main
Satz und Gestaltung: Björn Bordon/MetaLexis, Niedernhausen
Umschlaggestaltung: Marion Ullrich, Frankfurt am Main
Umschlagabbildung: Catarina Knüvener, aus dem Buch: Monster-Besuch. Noch mehr kleine Alltags-Schrecken. Mabuse-Verlag, 2. Aufl. 2021.

Druck: Stückle Druck und Verlag, Ettenheim
ISBN: 978-3-86321-631-3
Printed in Germany

Inhalt

„Jetzt stell dich nicht so an."

„Du brauchst doch keine Angst zu haben."

„Die anderen Kinder haben doch auch kein Problem damit."

Liebe Leserin, lieber Leser,

kommen dir die Sätze auf der vorigen Seite bekannt vor? Dein Kind leidet unter Ängsten, und du suchst nach einem Weg, wie du ihm helfen kannst? Du hast schon viel probiert, und doch bleiben die Ängste hartnäckig?

Dann kann dir dieses Arbeitsbuch weiterhelfen.

Seit über 17 Jahren begleite ich in verschiedensten Arbeitsfeldern Familien mit Kindern in psychischen Krisen oder Erkrankungen. Ich lernte viele Kinder und Jugendliche kennen, die unter massiven Ängsten verschiedenster Art litten und es nicht schafften, diese Ängste ohne Hilfe von außen zu überwinden. Gerade gefestigte, bereits lang andauernde Angstmuster profitieren von einer Psychotherapie. Doch nicht immer muss es gleich therapeutische Hilfe sein, wie ich sie als Kinder- und Jugendlichen-Psychotherapeut biete. Manche Kinder oder Jugendlichen profitieren bereits von einer neuen Einstellung der Eltern zu dieser Angst. Eine veränderte Haltung führt automatisch zu neuen Verhaltensweisen und zu einem neuen Umgang mit der Angst.

Dieses Buch will dir als Mutter, dir als Vater ein Begleiter sein, um dich in einer Haltungsänderung zu unterstützen, die es schließlich auch deinem Kind leichter ermöglicht, einen Weg aus seiner Angst zu finden. Die Haltung zu ändern ist nicht immer leicht, da es uns als Eltern oft zutiefst innerlich berührt, wenn wir sehen, wie sehr das eigene Kind leidet. Gerade kindliche Angst bindet schnell das Umfeld und damit die Eltern ein. Angst will beruhigt, getröstet und vor allem sofort beseitigt werden.

Ängste haben eine sehr drängende Form und schreien förmlich nach sofortiger Hilfestellung. Diese sofortige Hilfestellung (das Kind schläft wieder im Elternbett, wird in der Schule krankgemeldet etc.) hilft zwar kurzfristig, schadet aber auf lange Sicht dem Kind. Kinder und Jugendliche müssen ihren eigenen Weg finden, um selbst die Ängste eindämmen zu können.

Lass dich von diesem Arbeitsbuch zu einer neuen Haltung gegenüber den Ängsten deines Kindes inspirieren. Versuchen wir gemeinsam, die Ängste deines Kindes besser zu verstehen und mögliche unbewusste Hintergründe aufzudecken. Wenn es dir gelingt, mehr über die Angst zu verstehen, wird es dir leichter möglich sein, eine andere Haltung zu entwickeln, mit der du dein Kind Schritt für Schritt aus der Angst heraus begleiten und es stark und fähig machen kannst, mit Ängsten im Leben umzugehen.

Die Erkenntnisse der Psychoanalyse, dass es hinter jedem Symptom einen (oft unbewussten) Grund gibt, helfen uns hierbei. Ich verstehe in meiner Arbeit als Psychotherapeut Angst als etwas, das von der eigenen Psyche entdeckt wurde, um einen inneren Konflikt zu lösen. Ängste – so sinnlos sie oft scheinen – entstehen also nie ohne Grund. Dieses Arbeitsbuch soll dir helfen, genau diese Gründe zu erkennen und anzugehen.

Manche Ängste bleiben trotz aller Bemühungen hartnäckig bestehen. Solltest du feststellen, dass die Ängste deines Kindes trotz deiner Veränderungen anhalten, ist der Weg zu einer*m Psychotherapeut*in deines Vertrauens der nächste wichtige Schritt. Dieses Buch kann keine Psychotherapie ersetzen.

Vielleicht fällt dir der Schritt in eine Psychotherapie für dich oder dein Kind nach dem Durcharbeiten dieses Buches leichter – schließlich ist dir dann schon tiefenpsychologisches und psychoanalytisches Denken viel vertrauter.

Ich wünsche dir auf der nun folgenden Entdeckungsreise viele wertvolle Erkenntnisse.

Dein

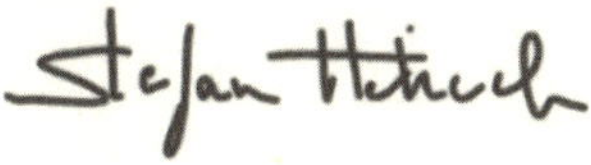

P.S. Auf stabilekids.com/angst-buch habe ich dir dein Bonusmaterial zusammengestellt, mit dem ich dir weitere Unterstützung für deinen Umgang mit psychischen Krisen deines Kindes anbiete.

Du bist der wichtigste Mensch
für dein Kind.
Mit dir und an dir
kann dein Kind wachsen.

Benjamin – eine Angstgeschichte

Ich will dir eine Geschichte über eine Mutter und einen Vater erzählen. Beide taten alles für ihren Sohn Benjamin und wollten stets das Beste für ihn.

Ich nenne die Eltern dieses Jungen Petra und Thomas. Sie erfreuten sich sehr an ihrem Sohn und hatten den Wunsch, ihn zu einem selbstbewussten und fröhlichen Jungen zu erziehen.

Sie kümmerten sich sehr um ihn. Wenn er weinte, weil ein anderer Junge seine Spielsachen nahm, setzten sie sich für ihn ein und klärten die Situation. Wenn er traurig war, weil die Lehrerin einen Punkt in der Probe übersehen hatte, telefonierten sie mit der Lehrerin, damit Benjamin diesen Punkt noch bekommen konnte. Wenn er das Geschirr am Tisch stehen ließ, weil er noch so viel für die Schule machen musste, räumten sie es für ihn ab.

Ohne dass Petra und Thomas dies ahnten, rutschte ihr Benjamin in eine Angststörung, die immer größere Ausmaße annahm.

Schon als kleines Kind hatte er Angst, in den Kindergarten zu gehen, da es dort Kinder gab, die gemein zu ihm waren. Später bekam er häufig vor der Schule Bauchschmerzen und durfte zu Hause bleiben. Als Jugendlicher vermied er oft Gleichaltrige, da er Angst hatte, aufzufallen und nicht dazuzugehören. Auch litt er als

Jugendlicher schon unter solch heftigen Panikattacken, dass er sich zeitweise nicht traute, das Haus zu verlassen. Wie konnte das passieren? Petra und Thomas hatten ihrem Sohn alles geboten, was sie sich vorstellen konnten. Beide hatten sich Elternzeit genommen, um ja nichts von dem Zauber der ersten gemeinsamen Monate zu verpassen.

Sie verdienten genügend, um ihrem Benjamin ein sorgloses Leben zu ermöglichen. Benjamin hatte auch keine Geschwister, die ihm Mama und Papa streitig machen würden.

Wie konnte ihr Benjamin, dem sie doch alle Chancen für ein gutes Selbstbewusstsein mitgeben wollten, eine solch massive Angst, ja eine vom Arzt diagnostizierte Angststörung entwickeln? Und vor allem: Was konnten Petra und Thomas tun, um ihrem Sohn zu helfen?

Beide hatten schon viele Erziehungsratgeber gekauft und durchgelesen, doch es gab keine wesentlichen Verbesserungen, die Angst blieb.

Petra und Thomas war das alles ein großes Rätsel und sie sahen verzweifelt, wie sehr Benjamin unter seinen Ängsten litt.

Es musste sich etwas ändern. Doch nur was?

Vorwort

Petra und Thomas begegnen mir in meiner Tätigkeit als Psychotherapeut für Kinder und Jugendliche oft. Petra und Thomas heißen manchmal Vanessa und Georg oder auch Sarah und Christof. Aber eines haben diese Eltern alle gemeinsam: Sie sind engagierte Eltern, die nur das Beste für ihr Kind wollen. Viele haben sich sehr bewusst für ein Kind entschieden und ihr Kind nach besten Möglichkeiten unterstützt.

Und doch haben die Kinder bei all diesen fürsorglichen Eltern Ängste oder gar eine Angststörung entwickelt. Wieso das? Hängt es mit unserer Welt zusammen, die durch ihre Veränderungen unsere Kinder verunsichert? Müssen wir die Zunahme psychischer Erkrankungen beklagen und die Politiker wachrütteln?

Oder können wir selbst etwas tun?

Sind wir diejenigen, die sich der Verantwortung stellen müssen?

Es ist richtig: Der Umgang von Eltern mit den Ängsten ihres Kindes kann diese sowohl verstärken als auch die Kinder stark machen, sich den Ängsten zu stellen. Es ist richtig: Gerade bei Ängsten wirkt sich das Verhalten von Eltern sehr darauf aus, ob sich Ängste festigen und zu einer Angststörung entwickeln oder ob ihr Kind langfristig einen guten Umgang mit seinen Ängsten finden kann.

Die Tatsache, dass du dieses Buch in Händen hältst, beweist bereits, dass du jemand bist, der die eigene Verantwortung sieht und ernst nimmt.

Ich will dir mit diesem Arbeitsbuch helfen, deine eigene Haltung zu finden, damit dein Kind selbst aus seinen Ängsten herausfinden kann. Du als Mutter, du als Vater hast dich dazu entschieden, mit Hilfe dieses Arbeitsbuchs einen persönlichen Weg zu suchen, wie du mit den Ängsten deines Kindes umgehen kannst.

Die Beschäftigung mit dem Thema Kinderängste ist ein erster wichtiger Schritt zur Unterstützung deines Kindes.

Viele Bemühungen, ein Kind mit klassischen Methoden zur Änderung eines verwurzelten innerpsychischen Musters zu bewegen, kommen schnell an ihre Grenzen. Es ist nicht immer leicht zu sehen, dass dein Kind Angst hat und alle Versuche, an seine Vernunft zu appellieren, ungehört verhallen. Es ist nicht immer leicht, Nacht für Nacht zu erleben, dass dein Kind aus Angst nicht einschlafen kann und es wieder zu dir ins Bett möchte. Morgen dann, morgen muss es aber mal besser funktionieren.

Vielleicht hattest du bisher keine Chance, weil du die Hintergründe der Ängste gar nicht so leicht verstehen kannst? Unser Verhalten beruht nur zu einem geringen Teil auf bewussten und logischen Entscheidungen. Selbst wenn das Ziel für dein Kind noch so attraktiv ist, doch endlich mal im eigenen Bett zu schlafen oder den Weg in die Schule zu schaffen, so wird es dies nur erreichen, wenn dein Kind auch innerlich dazu bereit ist, sich zu ändern. Solange unbewusste Themen die Angst aufrechterhalten, werden diese die Ängste weiter nähren.

Unsere Psyche ist wie ein Eisberg: Nur ein kleiner Teil unserer Gefühle, unseres Denkens und Verhaltens ist bewusst zugänglich. Der größere Teil des Eisbergs liegt unter der Wasseroberfläche, d. h. der größere Teil unserer Psyche ist unbewusst. Es sind die im Laufe eines Lebens erworbenen unbewussten inneren Realitäten, die unser Denken, Fühlen und Handeln lenken.

Deshalb braucht es ein neues, ein tieferes Verständnis und damit auch ein ehrliches Bemühen, um zu erkennen:

Ich kann nicht dafür sorgen, dass *mein Kind* sich anders verhält. Ich kann es nicht zu einer Verhaltensänderung zwingen.

Ich kann nur *mein eigenes Verhalten* als Mutter oder Vater ändern und darauf bauen, dass dies meinem Kind hilft, sich selbst zu ändern.

Du kannst niemanden ändern außer dich selbst.

Für die Arbeit an eigenen Einstellungen und eigenen Erfahrungen hilft es, sich selbst gegenüber offen und ehrlich zu sein und die eigene Haltung unvoreingenommen anzusehen. Damit dies leichter gelingt und wir beide einen Weg finden, wie du auf die Spuren unbewusster Ursachen auch deiner eigenen Ängste kommen kannst, habe ich bewusst die Anrede mit dem vertraulicheren „Du“ gewählt. Das „Du“ ist persönlicher und hilft so, näher im Kontakt mit eigenen unbewussten Motiven zu sein.

Wir beginnen unsere Entdeckungsreise gleich mit dem wichtigsten Schritt überhaupt: Die Suche nach den Ursachen.

Denn sobald dir die bewussten oder unbewussten Ursachen der Ängste deines Kindes deutlicher werden, ist es nur noch ein kleiner Schritt hin zu den weiteren Veränderungen. Dafür werden wir einen Ausflug in deine eigene Vergangenheit machen und uns deiner Kindheit und deinen eigenen inneren Realitäten zuwenden. Im zweiten Schritt schauen wir dann auf mögliche unbewusste Konflikte, die bei deinem Kind die bestehenden Ängste ausgelöst haben könnten.

In den nächsten Schritten geht es an die konkrete Veränderung. Die Schritte drei bis sechs orientieren sich an den vier Entwicklungsprinzipien, die ich im Buch „*Ängste bei Kindern und Jugendlichen – ein psychoanalytischer Ratgeber*" näher erläutert habe. Die Abfolge der Entwicklungsprinzipien wurde in diesem Arbeitsbuch als logische Grundlage für die sechs Schritte etwas verändert.

Im dritten Schritt geht es darum, dass du zuerst für dich sorgst: Wenn du selbst in deinem Leben den nötigen Halt gefunden hast, wird es dir leichter fallen, im vierten Schritt Haltgeber*in für dein Kind zu sein.

Als Fünftes folgen Gedanken, wie du dein Kind stärken und fördern kannst.

Der sechste Schritt hilft dir, dein Kind zu begleiten, damit es sich der Angst stellen und lernen kann, damit umzugehen. Wie kannst du dein Kind befähigen, damit es nicht mehr vor der eigenen Angst davonlaufen muss?

So gehen wir gemeinsam Schritt für Schritt hin zu einer Veränderung in deiner Haltung als Mutter oder als Vater.

Du kannst einen großen Teil dazu beitragen, dass dein Kind leichter aus seinen Ängsten herausfinden kann. Die Geschichten von Petra und Thomas vom Buchanfang sowie von Patricia und ihrer Tochter aus dem Ratgeberbuch werden uns dabei immer wieder als anschauliche Beispiele begleiten.

Die Aufgabe deines Kindes ist es, einen Weg zu finden, mit seinen Ängsten umzugehen. Sobald ihr euch vergewissert habt, dass es keine realen Gründe für die Ängste eures Kindes gibt, bedeutet dies auch, dass es nicht zielführend sein kann, die vermeintlichen Auslöser der Ängste weiterhin zu vermeiden. Es gilt vielmehr, euer Kind altersgerecht darin zu unterstützen, sich den Ängsten zu stellen, um sie längerfristig überwinden zu können.

Deine Aufgabe ist es *nicht,* ihm die Angstauslöser wegzunehmen (also es beispielsweise zu Hause zu lassen, statt es in die Schule zu schicken). Deine Aufgabe ist vielmehr, dein Kind so zu begleiten, dass es selbst die eigenen Ängste überwinden kann.

Dieses Buch möchte dir Hilfestellung geben, deine persönliche Situation zu reflektieren und Veränderungen anstoßen. Ziel ist es, dass dein Kind an Selbstständigkeit und Mut gewinnt, mit seinen Ängsten aktiv umzugehen, um schließlich gestärkt aus der Krise hervorzugehen.

Packen wir es an!

1. Dein eigener Hintergrund

Nichts prägt uns so sehr, wie unsere eigene Lebensgeschichte, unsere eigenen Erfahrungen im Leben. Dies beginnt in der ersten Minute unseres Lebens, ja sogar noch früher, denn auch die Erfahrungen im Mutterleib wirken sich auf uns aus. Menschen haben unterschiedliche Startbedingungen ins Leben und diese prägen uns, auch in unserer Rolle als Eltern.

Neurobiologen zeigen, dass sich unser Gehirn abhängig von sich wiederholenden Erfahrungen und Erfordernissen entwickelt. Schauen wir uns dies anhand von zwei extremen Biografien an.

> **Anna** wuchs als einziges Kind ihrer Eltern auf dem Land auf. Ihre Eltern waren einfache und sehr zufriedene Leute, die im Dorf gut verankert waren und viele Freundschaften pflegten. Anna erlebte ihre Kinderzeit als „absolut behütet". Sie selbst hatte stets Freundschaften, auf die sie sich verlassen konnte.
> Anna war ein zufriedenes Baby und erlebte, dass ihre Mutter da war und sich so gut sie konnte um Anna kümmerte. Später wurde Tante Dagmar zur wichtigen Vertrauensperson. Tante Dagmar wohnte zwei Straßen weiter und war für Anna vor allem in der Pubertät eine wichtige Ansprechpartnerin. Sie fühlte sich von ihr immer gut verstanden.

Natürlich hatte Anna in ihrer Kindheit auch Ängste. Sie hatte Angst vor Gespenstern, als sie im Kindergartenalter war, kannte Prüfungsängste und hatte Angst, dass ihre erste große Liebe im Jugendalter nie erwidert werden würde. All diese Ängste tauchten in bestimmten Lebensphasen auf und verschwanden von allein wieder, denn in sich hatte (und hat) Anna die Gewissheit, dass es viel Gutes in der Welt gibt und auch sie als gut und wertvoll von den Menschen ihrer Umgebung respektiert wird.

Karim könnte das nicht sagen. Er wuchs als Afghane im Iran auf und musste schon als Kind stets fürchten, entdeckt und geschlagen oder gar des Landes verwiesen zu werden. Seit jeher steckte ihm Angst in den Knochen. Seine Mutter versuchte zu verhindern, dass er die Wohnung verließ, da sie Angst hatte, er könnte entdeckt werden und die Familie verraten. Dort lebte die afghanische Familie illegal und rechtlos. Karims ältere Brüder versorgten die Familie. Jeden Tag entdeckte Karim in den Augen der Mutter ihre Angst, wenn sie hörte, dass unbekannte Leute vor der Tür waren oder jemand zu ungewohnter Zeit zu ihnen kam. Karim entwickelte ein Weltbild von einer bedrohlichen und gefährlichen Welt. Kein Wunder, dass er später selbst unter Ängsten litt.

Beide – Anna und Karim – bringen ganz unterschiedliche Voraussetzungen als Eltern mit. Für Anna dürfte es wesentlich leichter werden, ihrem Kind ein Gefühl von Sicherheit und Geborgenheit mitzugeben, als für Karim. Das Beispiel von Karim ist bewusst gewählt, um dir zu zeigen, welche

Auswirkungen die eigenen Erfahrungen als Kind später auf die Haltung als Mutter oder Vater haben können. Es ist wahrscheinlicher, dass Karim im Umgang mit eigenen Kindern selbst ängstlich sein wird.

Dabei geht es oft nicht um die extremen Formen von Angst, sondern um viele feine Abstimmungen, durch die unsere individuellen Erfahrungen und Entwicklungen geprägt werden.

Welche Geschichte bringen Petra und Thomas mit, bevor sie Benjamin bekamen?

Petras Eltern waren frei von finanziellen Sorgen. Der Vater war Vorstand eines Betriebes am Ort und genoss großes Ansehen. Diesem Ansehen sollte die ganze Familie auch nach außen stets gerecht werden. Von Petra wurde erwartet, ein „anständiges", höfliches und gut gekleidetes Mädchen zu sein. Sie bemühte sich sehr darum, die Erwartungen des Vaters zu erfüllen, insbesondere weil sie schon früh verstanden hat, dass ihre Mutter diesen Erwartungen durchaus nicht immer entsprochen hat.

Schon lange war Petras Mutter dem Alkohol sehr zugeneigt. Ob ihr das Leben oft zu trist und trübe war, und ihre Mutter deshalb trank, oder ob sie damit versuchte, eigene Kleinheitsgefühle und Minderwertigkeitsgedanken zu überspielen, die sich hinter der stets gütig lächelnden Fassade verbargen, konnte Petra nicht sagen. Jedenfalls erlebte Petra den Alkoholismus der Mutter und manche Grobheiten, die diese sich im Suff erlaubte, als Schande für die ganze Familie. Sie wollte es besser machen als ihre Mutter und eben ein

anständiges und für ihren Vater vorzeigbares Mädchen sein. Genauso wollte sie später eine überaus korrekte Mutter für Benjamin sein.
Lange hatten Thomas und sie auf Nachwuchs gewartet und es fast schon aufgegeben, als Petra schwanger und Benjamin ihr Glückskind wurde. Sie wollte eine vorbildliche Mutter sein und nun endlich auch die glückliche Familie haben, die sie nach außen hin als Kind immer selbst spielen musste. Mit Benjamin kam für Petra die Chance auf eine eigene, wirklich glückliche Familie.
Thomas, der Mann, den Petra über alles liebte, hatte andere Startbedingungen ins Leben: Er wuchs als drittes von vier Kindern auf und musste damit zurechtkommen, dass sein Vater wenig zu Hause war. Ob sein Vater tatsächlich so viel arbeiten musste oder ihm möglicherweise sogar die streitenden Kinder zu Hause eine zu große Last waren – jedenfalls bekam er selten seinen Papa zu Gesicht. Ihm war völlig klar, dass er es auf keinen Fall so machen wollte wie sein eigener Vater. Er würde für Benjamin da sein, sich um ihn kümmern, ihn wickeln, ihn trösten, mit ihm lachen – all das, was er von seinem eigenen Vater vermisst hatte. Er brachte einen großen Willen mit, ein guter Vater zu sein. Dabei hätte er aus eigener Erfahrung nicht sagen können, was es heißt, ein guter Vater zu sein.

Was hast du als Kind erlebt? Wie waren deine Eltern zu dir? Konnten sie dir ein Gefühl von Sicherheit und Geborgenheit vermitteln, oder konntest du ihnen ansehen, dass sie selbst manchmal ängstlich oder verunsichert waren? Woran hast du dies gemerkt? Nimm dir Zeit und mache dir Gedanken darüber, wie du deine Eltern als Säugling, als Kleinkind, als Schulkind oder als Jugendliche*r erlebt haben könntest.

> Deine Kindheit prägte dich und du prägst deine Kinder.

Es geht darum, ein eigenes Gespür dafür zu bekommen, wie sich die Art deiner Eltern auf dich ausgewirkt haben könnten. Wir sehen uns im Folgenden fünf Bereiche an: Zunächst geht es um deine Eltern, deine Mutter bzw. eine mütterliche Person und deinen Vater bzw. eine väterliche Person in deinem Leben. Dann sehen wir uns die Partnerschaft deiner Eltern an und überlegen, wie sich das Erleben dieser Partnerschaft auf dich ausgewirkt haben könnte. Anschließend werfen wir einen Blick auf deine eigenen Erfahrungen (mit Freundschaften und mit prägenden Erlebnissen).

Erst zuletzt können wir Vermutungen darüber anstellen, wie sich all diese Erlebnisse und Erfahrungen in dir zu einer inneren Realität entwickelt haben und wie sich diese auf dein Verhalten deinem Kind gegenüber ausgewirkt haben könnten:

1. Die Auswirkungen deiner Mutter auf dich
2. Die Auswirkungen deines Vaters auf dich
3. Die Auswirkungen deiner Eltern als Paar auf dich
4. Die Auswirkungen eigener Erfahrungen im Leben auf dich
5. Deine innere Realität

Die Auswirkungen deiner Mutter auf dich

Meine **Mutter** war …

Beschreibe den Charakter deiner Mutter, ihre Art, mit Schwierigkeiten umzugehen, so wie sie auf dich als Kind gewirkt hat:

Wie könnte sich der Charakter, die Wesensart deiner Mutter auf dich als Kind ausgewirkt haben?

Die Auswirkungen deines Vaters auf dich

Mein **Vater** war …

Beschreibe den Charakter deines Vaters, seine Art, mit Schwierigkeiten umzugehen, so wie er auf dich als Kind gewirkt hat:

Wie könnte sich der Charakter, die Wesensart deines Vaters auf dich als Kind ausgewirkt haben?

Die Auswirkungen deiner Eltern als Paar auf dich

Die **Partnerschaft** meiner Eltern war …

Beschreibe, wie du die Partnerschaft deiner Eltern aus Kindersicht erlebt hast.

Konnten deine Eltern zeigen, wie sehr sie sich als Paar wertschätzen und mögen? Konnten sie zeigen, dass ein Vertrauen in die Partnerschaft möglich ist, selbst wenn sie sich stritten oder uneinig waren?

Wie könnte sich die Wahrnehmung deiner Eltern als Paar auf dich ausgewirkt haben?

Die Auswirkungen eigener Erfahrungen auf dich

Meine eigenen Erfahrungen im Leben waren …

Beschreibe, wie Gleichaltrige mit dir umgegangen sind. Beschreibe die Art deiner Freundschaften. Versuche dich an möglichst viele prägende Erlebnisse zu erinnern. Hierzu zählen positive Erlebnisse, in denen du stolz, glücklich, begeistert warst, und auch negative Erlebnisse, wie möglicherweise Krankheiten, Todesfälle, Erfahrungen in Bezug auf dein Kind/die Schwangerschaft etc.:

Wie könnten sich deine eigenen Erfahrungen, deine persönlichen Erlebnisse auf dich als Kind ausgewirkt haben?

Deine innere Realität

Vielleicht konntest du durch die vorherigen Gedanken und Erinnerungen ein Gespür dafür entwickeln, wie sich all dies auf dich und deine „innere Bereitschaft“, möglicherweise Ängste zu entwickeln, ausgewirkt hat. Stell dir nun vor, all diese Erfahrungen hättest nicht du, sondern eine andere Person gemacht. Was würdest du vermuten, wie dieser Mensch in seinem Charakter geworden sein könnte? Wie könnte sich ein Kind mit diesen Erfahrungen entwickeln? Wie könnte diese Person selbst als Vater oder als Mutter sein? Was könnte diese Person „automatisch“, also vermutlich unbewusst, den Kindern vermitteln?

All deine frühen Erfahrungen und prägenden Erlebnisse weben zusammen ein Bild deiner inneren Realität. Diese beinhaltet auch deine kognitiven Glaubens-sätze, deine persönlichen Überzeugungen, die du im Laufe deines Lebens verinnerlicht hast und die sich nun auf dein Handeln auswirken. Ein Beispiel: Die Überzeugung „Wenn ich im Dorf auffalle, werde ich abgelehnt und bringe Schande über meine Familie" ist ein solcher Glaubenssatz. Darüber hinaus sind es unsere Erfahrungen von Gefühlen, Gedanken und Erlebnissen, die sich in uns verdichten. Diese innere Realität soll uns helfen, auf zukünftige Situationen vorbereitet zu sein. Die Psyche mag keine Überraschungen, die sie überfordern oder überrollen, also versucht sie, sich auf alles Mögliche vorzubereiten. Die eigenen Erfahrungen werden so zu Hinweisen auf die Zukunft verarbeitet und prägen unser unbewusstes Empfinden, Denken und Handeln. Diese innere Realität ist somit absolut subjektiv und muss mit der aktuellen äußeren Realität nichts zu tun haben.

Petra und Thomas kamen beide zu der Erkenntnis, dass sie die Fehler ihrer Eltern unbedingt hatten vermeiden wollen und sie sich deshalb zu sehr um Benjamin bemüht und ihm alles aus dem Weg geräumt hatten. Liebevoll hatten sie sich mit ihm beschäftigt. Thomas erinnert sich, ihn stundenlang mit dem Dreirad gefahren zu haben, da sein kleiner „Benni" dies so sehr liebte, die Pedale aber noch nicht selbst betätigen konnte. Oft war er für seinen Sohn da, wenn dieser ihn brauchte, und er ist sich sicher, dass Benjamin davon sehr profitiert hat. Petra ging es ähnlich. Ihr Benni war ihr Sonnenschein, und innerlich blutete ihr Herz, sobald es Benni nicht gutging, er weinen musste oder eben Angst hatte. Sie versuchte, immer für ihn da zu sein und ihn zu trösten, wenn er sie brauchte. Zu sehr erinnerten Benjamins Tränen an ihre eigene unterdrückte Traurigkeit als Kind, die damals von niemandem gesehen wurde. Weder der Vater, der vielmehr mit seiner Außenwirkung beschäftigt war, noch die Mutter, die sich lieber mit ihren Weinflaschen unterhielt, sahen die Traurigkeit, die oft in Petra steckte. Sie aber sah, wie es ihrem Sohn ging, und kümmerte sich – mehr als ihre Eltern sich jemals um sie gekümmert hatten.

Beide, Petra und Thomas, bemühten sich nach besten Kräften, ihrem Sohn zu vermitteln, dass die Welt gut ist, seine Gefühle gesehen und wieder zum Guten gewendet werden können. Aber ob Thomas im Umgang mit seiner Angst etwas anderes gebraucht hätte?

Schauen wir uns doch einmal genauer an, wie sich unsere kindlichen Erfahrungen in uns abbilden. Jedes Erlebnis wird vor dem Hintergrund der bisherigen Erfahrungen bewertet, mit den zugehörigen Gefühlen verbunden und in uns als unbewusste, manchmal auch als bewusst benennbare innere Realität abgespeichert.

Wie sehen deine Erfahrungen aus? Was ist deine innere Realität? Konntest du als Kind die zuverlässige Erfahrung machen, dass die Welt um dich herum sicher ist und du dich nicht fürchten musst?

Wie konntest es du mit deiner inneren Realität als Kind bewerten, wenn ein anderes Kind, nennen wir es Max, gemein und beleidigend zu dir war?

Hast du die Erfahrung, dass die Welt gut ist, in dir verankert, dann wird sich das Erlebnis *Max war gemein* weniger stark in dir auswirken, als wenn sich das Erfahrungsbündel *Menschen sind gemein* als mächtigste innere Realität in dir abgebildet hat.

Die folgenden Abbildungen zeigen, wie sich Erfahrungen in uns verankern. Je nachdem, welche Erfahrungen (subjektiv) überwiegen, werden diese einen größeren Raum in uns einnehmen.

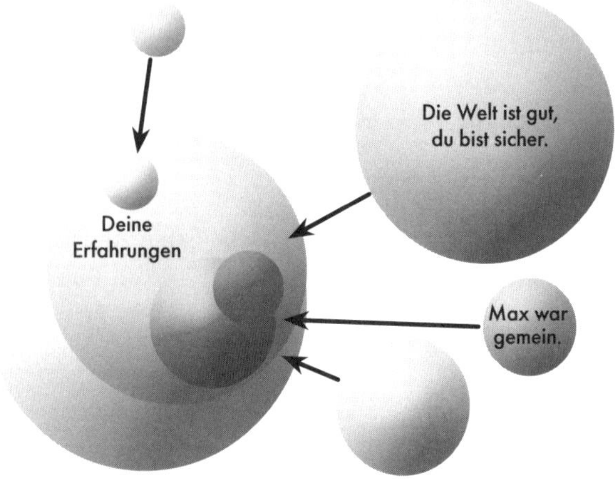
Die Welt ist gut,
du bist sicher.
Deine
Erfahrungen
Max war
gemein.

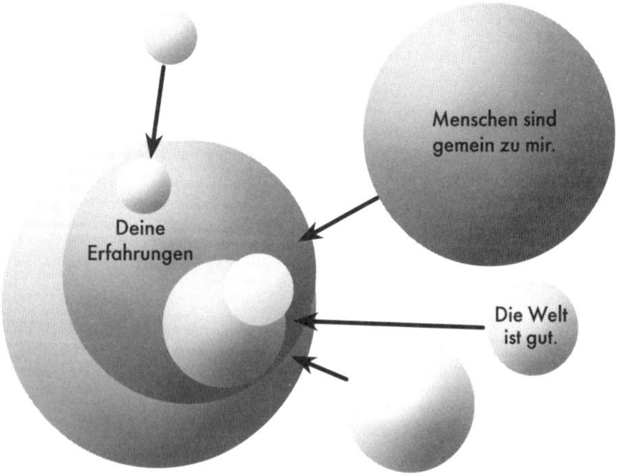
Menschen sind
gemein zu mir.
Deine
Erfahrungen
Die Welt
ist gut.

Je nachdem, wie sich diese Erfahrungen in dir verankert haben, wirst du auch selbst die Welt wahrnehmen. Du hast aus deinen Erfahrungen im Leben deine innere Realität gebildet, und diese innere Realität wirst du – bewusst oder unbewusst – auch deinem Kind als inneren Erfahrungsschatz zur Verfügung stellen.

Dein Kind bekommt diesen Blick von dir auf die Welt vermittelt.

Überlege, inwieweit es dir möglich ist, deinem Kind einen Blick der Sicherheit zu vermitteln. Wodurch vermittelst du möglicherweise, dass es etwas oder gar vieles gibt, wovor es sich fürchten muss?

Falls dies so ist, gilt es herauszufinden, ob die innere Realität, die du für dich aufgebaut hast, in dieser Form auch für dein Kind gilt. Vielleicht hattest du tatsächlich in deiner Kindheit Schwierigkeiten mit anderen Kindern und wurdest ausgegrenzt. Dein Kind hat aber eventuell nicht die gleichen Schwierigkeiten. Vielleicht hast du schon oft dein Kind dabei „ertappt", dass es sich mit anderen gut versteht und große Fähigkeiten hat, Gleichaltrige für sich zu gewinnen. Falls dem so ist, ist es immer wieder wichtig, das eigene Verhalten zu hinterfragen: Handelst du gerade aus deiner eigenen inneren Realität heraus, und dein Kind hat es mit einer anderen äußeren Realität zu tun, als du denkst?

Es ist wichtig, die eigene Lebensgeschichte von der des Kindes zu trennen. Damit du deinem Kind helfen kannst, mit den Ängsten zurechtzukommen, braucht ihr beide einen unvoreingenommenen Blick auf die äußere Realität deines Kindes. Gibt es hier die realen Gefahren tatsächlich, die sich in der Angst deines Kindes abbilden? Oder hat dein

Kind möglicherweise die Angst entwickelt, weil es deine innere Realität übernommen hat?

Fazit

Bei festgefahrenen Angstmustern gibt es keine schnellen Lösungen. Wenn es um unbewusste, also innere Realitäten geht, die zu den Ängsten führen, ist es wichtig, die eigene Haltung als Mutter oder als Vater zu hinterfragen. Die Reise zu einem neuen Verstehen deines Kindes und zu einer neuen Haltung gegenüber den kindlichen Ängsten beginnt bei dir selbst.

Versuche herauszufinden, was dich geprägt hat und welche frühen Erfahrungen im Leben sich als innere Realität in dir verankert haben.

Versuche herauszufinden, welche Auswirkungen diese innere Realität auf deine Haltung deinem Kind gegenüber hat.

Indem du dir über dich selbst bewusster wirst, wird es leichter möglich herauszufinden, wie dein Kind dich erleben könnte.

Wir können unseren Kindern vor allem dann helfen, wenn wir uns selbst hinterfragen und beginnen, uns zu verändern.

2. Mögliche Gründe für die Angst

Nachdem du nun klarer vor Augen hast, was dich als Mutter/dich als Vater geprägt hat, wenden wir uns der möglichen inneren Realität deines Kindes zu. Ich möchte dich einladen, dir dein Kind zunächst wie einen noch unbekannten Menschen anzusehen, den du kennenlernen möchtest. Der spannende Teil unserer Reise ins Reich des Unbewussten kann beginnen.

Welche möglicherweise unbewussten Gründe verbergen sich hinter der sichtbaren Angst deines Kindes? Unser Fühlen, Denken und Handeln sind nur zum Teil einer bewussten Wahrnehmung zugänglich. Ein noch viel größerer Teil läuft unbewusst ab.

Auch dein Kind hat aufgrund seiner bisherigen Erfahrungen im Leben innere Realitäten aufgebaut, die teilweise nur wenig mit der äußeren Realität übereinstimmen müssen. Es gibt Kinder, die fühlen sich sehr schnell ausgeschlossen und gekränkt, während andere vieles leichter wegstecken.

Nehmen wir Philipp. Er ist ein Junge, der unter der subjektiven Befürchtung leidet, er sei nicht liebenswert. Philipp sieht nun ein anderes Kind, das gerade den Blick abwendet. Wie wird Philipp den Blick dieses Kindes interpretieren?

Richtig, er wird sehr wahrscheinlich davon ausgehen, das andere Kind könnte ihn nicht mögen und sich abwenden oder Philipp sogar ausschließen.

Ein anderes Kind, nennen wir es Timo, hat eventuell eine innere Realität, gemocht und geliebt zu werden. Timo sieht genauso wie Philipp ein Kind, das den Blick abwendet. Aber anders als Philipp wird Timo vielleicht neugierig den Augen des Kindes folgen, das den Blick abwendet.

Vielleicht hat es ja etwas Interessantes entdeckt, und Timo und das andere Kind könnten dies nun gemeinsam erkunden.

Beide Kinder reagieren auf dieselbe äußere Realität (ein anderes Kind wendet den Blick ab). Jedoch reagieren Philipp und Timo völlig unterschiedlich, da sie beide von einer anderen Erwartungshaltung ausgehen. Wie du siehst, kommt es oft gar nicht so sehr auf die äußere Realität an, sondern auf deren innere Interpretation.

Um die Ängste deines Kindes sinnvoll zu verstehen, hilft es, sich die möglichen unterschiedlichen Realitäten vor Augen zu halten:

1. Wie sieht die tatsächliche, äußere Realität deines Kindes bezogen auf die Angst aus? Gibt es reale Gefahren, bei denen es sinnvoll ist, sich zu fürchten?
2. Wie könnte die innere Realität deines Kindes aussehen? Was befürchtet es mit seiner subjektiv gefärbten Sicht auf die Welt?

Gerade die innere Realität ist natürlich von außen nur zu erahnen. Alle Gedanken, die dazu auftauchen, können für das Verständnis hilfreich sein. In meinem Ratgeber *Ängste bei Kindern und Jugendlichen* habe ich beschrieben, dass ich häufig unbewusste Ängste hinter nach außen gezeigter bewusster Angst sehe. Der innere Konflikt als Auslöser für die unbewusste Angst scheint für das betroffene Kind oder den Jugendlichen nicht lösbar. Er muss dem eigenen Bewusstsein verborgen bleiben. Die nach außen gezeigte, also sichtbare Angst ist also bereits ein Lösungsversuch für den inneren Konflikt. Die eigentliche Angst kann subjektiv nicht bewältigt werden, da der Konflikt weiterhin besteht. Deshalb muss dein Kind diese unterdrücken beziehungsweise auf ein anderes Feld verschieben. Aber dieser Verdrängungsversuch gelingt nicht völlig, das Gefühl der Angst bleibt spürbar.

Jetzt braucht die Angst ein neues „Ziel", ein neues Objekt, an das sie sich heftet. Vor diesem Objekt Angst zu haben, kann unlogisch oder übertrieben wirken. Solange sich der Kontakt zu diesem Objekt aber leichter vermeiden lässt, funktioniert diese Verschiebung der Angst, um den inneren Konflikt zu besänftigen. Für die Lösungsversuche der Psyche ist nicht die äußere Logik, sondern die innere Realität ausschlaggebend.

Innere Konflikte, die zu Ängsten führen, können verschiedene Auslöser haben:

Die Ängste können sich auf etwas Äußeres beziehen, z. B. auf die Mutter, von der das Kind keinesfalls getrennt werden darf, oder auf andere Kinder, die das Kind ablehnen und ausgrenzen könnten.

Ängste vor Innerem beziehen sich eher auf die eigene Gefühlswelt: Hat dein Kind Angst vor einer Traurigkeit, die in ihm schlummert? Oder hat es Angst vor der eigenen Wut? Häufig erlebe ich ängstliche Kinder, die sich nicht trauen, wütend zu werden, da sie fürchten, ihre eigene Aggressivität könnte in irgendeiner Form zerstörerisch werden. Dabei sind Wut und die Fähigkeit zur Selbstbehauptung etwas sehr Wichtiges im Leben.

Du kannst dir den inneren Prozess wie ein Vexierbild vorstellen: Die innere Angst vor der Trennung von Mama darf nicht zugelassen werden. Sie würde bedeuten, dass sich dein Kind klein vorkommt, und Kleinsein ist echt peinlich vor den Gleichaltrigen. Also zeichnet die Psyche über diese Angst das Bild einer anderen Angst. Es entsteht nach außen die Angst vor der Schule (die zu der Hoffnung führt, zu Hause bleiben zu dürfen und sich deshalb nicht trennen zu müssen), die eigentliche Trennungsangst bleibt verborgen.

Wenn du dich nun von der Psyche deines Kindes täuschen lässt, suchst du nach Ursachen in der Schule, während die eigentlichen Ursachen für die Angst vielleicht zu Hause liegen.

Deshalb ist es der wichtigste Schritt, die innere Realität deines Kindes besser zu verstehen.

Lass deiner Fantasie freien Lauf, auch wenn dir deine Gedanken abwegig oder gar absurd erscheinen. Aus der Psychoanalyse stammt in der Therapie die Regel der freien Assoziation, was so viel heißt wie: Alles, was dir durch den Kopf geht, ist erlaubt und wichtig und kann einen Hinweis auf das Unbewusste liefern.

Unser Handeln wird weniger durch die äußere Realität beeinflusst, als wir denken.
Entscheidend ist unsere innere Realität.

Im Ratgeber *Ängste bei Kindern und Jugendlichen* hatte ich als ein Beispiel die Geschichte von Laura beschrieben. Ihre Geschichte soll dir auch hier als Idee dienen, wie sich hinter den bewussten Ängsten ganz andere unbewusste Ängste verbergen.

Laura ging in die zweite Klasse, als die Ängste begannen. Jeden Morgen vor Schulbeginn tauchten die Ängste wie aus dem Nichts auf. Zuvor schien sie ganz fröhlich, dann plötzlich zog sich ihr Magen zusammen, das Herz klopfte bis zum Hals und ihr wurde übel. Es kam immer öfter vor, dass sie nicht in den Bus steigen wollte oder vor dem Klassenzimmer kehrtmachte. Als die Ängste zunahmen, hatte Laura schon am Sonntag Angst vor dem Schulbeginn am Montag, und das Ende der Ferien fühlte sich ganz besonders schlimm an. Keiner wusste recht, was los war. Laura kam in der Schule gut mit und erledigte ihre Hausaufgaben ohne größere Schwierigkeiten. Sie hatte Freundinnen und war in der Klasse gut integriert.

Patricia, ihre Mutter, verstand die Welt nicht mehr, sodass sie sich in ihrer Not an eine Psychotherapeutin wandte. Als die Therapeutin mit Laura über das Ganze sprach, konnte Laura selbst nicht genau sagen, was los war. Laura meinte, sie habe Angst vor der Schule, konnte aber nicht benennen, was ihr genau Angst machte. Vielleicht habe sie Angst vor einem Jungen aus der dritten Klasse, der oft aggressiv wurde. Er war zwar noch nie gegen Laura aggressiv geworden, aber dennoch war er der Einzige, vor dem Lauras Bewusstsein tatsächlich so etwas wie „Gefahr" meldete.

Im Laufe der Therapie begann Patricia ihre Tochter besser zu verstehen. Gemeinsam mit der Therapeutin fand sie heraus, was sich unbewusst hinter Lauras Ängsten verbarg:

Patricia selbst ging es in letzter Zeit nicht gut. Bei ihr wurde kurz vorher ein Tumor im Darm entdeckt, und sie hatte Angst vor der Behandlung und dem, was auf sie zukommen würde. Laura hatte sie nichts davon erzählt. Aber da Kinder nun mal mit den feinsten Antennen überhaupt ausgestattet sind und vor allem ein unglaubliches Gespür für ihre Eltern haben (auch wenn sie dies nicht immer zeigen), merkte Laura, dass ihre Mutter verändert war und es ihr vermutlich nicht gutging. Zumindest Lauras Unbewusstes ahnte, dass mit Mama irgendetwas los war.

Lauras Psyche suchte nun verzweifelt eine Lösung. Was konnte sie tun, um sich um Mama „kümmern" zu können? Wie konnte sie Mama von deren Sorgen ablenken? Eigentlich machte es ihr Angst, dass Mama so verändert war, aber irgendwas tief in ihr sagte ihr, Mama besser nicht drauf anzusprechen.

Jeden Morgen, wenn sie außer Haus sollte, zog sich in ihr etwas zusammen. Was würde Mama ohne sie machen? Wie ging es ihr dann?

Für Laura wurde es sehr schwierig, sich von ihrer Mutter zu trennen. Aber diese Trennungsangst konnte Lauras Psyche nicht als bewussten Gedanken zulassen. Schließlich war sie kein kleines Kind mehr.

Die Angst vor dem Schulbesuch war die „Lösung": Wenn Laura Angst vor der Schule hatte, konnte sie (so hoffte ihr Unbewusstes zumindest) zu Hause bleiben und musste sich nicht täglich von Mama trennen. Zugleich konnte sie besser auf Mama „aufpassen", wenn sie zu Hause blieb, was helfen konnte, sich „notfalls" um Mama kümmern zu können.

Zugleich „verbot" ihr die Angst, bei Mama „launisch" zu werden, was zu einer normalen Autonomieentwicklung

nun mal dazugehören würde. Eigene aggressive Bedürfnisse unterdrückte Laura vorsorglich. Wer weiß, was dann mit Mama wäre, wenn es ihr eh schon schlecht geht. Stattdessen richtete sich ihr Fokus eher auf die Aggressionen der anderen, in diesem Fall auf den „brutalen" Jungen aus der dritten Klasse. Sie bekam Angst vor diesem, während sie unbewusst fürchtete, dass ihre eigene (manchmal durchaus zickige) Art ihrer Mutter Schaden zufügen könnte.
Eine Angststörung war geboren und diente als Lösungsversuch für diese inneren Konflikte.

Sehen wir uns noch einmal die äußeren und inneren Realitäten von Laura an:

Äußere Realität: Es gibt außer dem etwas aggressiven Jungen in der anderen Klasse keine „realen Gefahren", keine schulische Überforderung oder soziale Schwierigkeiten.

Innere Realität: Laura musste den Schulbesuch meiden, da der Besuch der Schule die Trennung von der Mutter bedeutet hätte.

Wenn wir noch einen Schritt weitergehen und uns die innerpsychischen Verarbeitungsprozesse bei Laura anschauen, sehen wir Folgendes:

Bewusste Ebene:

– Angst vor dem Schulbesuch und einem aggressiven Jungen

Unbewusste Ebene:

– Ahnung, dass es der Mutter schlechtgeht
– Ahnung, dass Laura ihrer Mutter nicht mehr das übliche Autonomieverhalten zumuten kann

- Unterdrückung der eigenen Aggressionen und Verschiebung in der Wahrnehmung auf andere
- Angst, sich von der Mutter zu trennen
- Wunsch, auf die Mutter aufzupassen

Nun bist du gefragt:

1. Mit welcher äußeren Realität ist dein Kind konfrontiert?
2. Gibt es reale Gefahren, die diese Angst auslösen, die eventuell angeschaut werden müssen?
3. Gibt es subjektive Gefahren, die dein Kind fürchten könnte?
4. Wodurch wurden die Ängste ausgelöst?
5. Gibt es unterdrückte Gefühle, die Angst machen?
6. Welche inneren Realitäten hat dein Kind entwickelt?

Die äußere Realität deines Kindes

Wie sieht die äußere Realität deines Kindes aus? Gibt es reale Gefahren?

Beispiele wären reale soziale Schwierigkeiten, schulische Überforderungen, Gefahr einer Trennung der Eltern, wenn das Kind „problemlos" wäre etc.

Die subjektiv wahrgenommenen Gefahren

Wie sieht die innere Realität deines Kindes aus? Könnten hier höchst subjektive Gefahren existieren? Wie nimmt dein Kind dich wahr?

Könnte es fürchten, dich zu „verlieren“, wenn es die Angst nicht mehr als Symptom hätte? Wie nimmt es deine*n Partner*in wahr? Wie nimmt dein Kind seine Umgebung wahr, z. B. die anderen Kinder?

Mögliche Auslöser der Angst

Stand am Beginn der Ängste etwas, das diese ausgelöst haben könnte (Umzug, Krankheit, Geburt eines Geschwisterchens, Todesfall in der Familie, Verlust eines Haustieres)?

Unterdrückte Gefühle, die Angst machen

Gibt es unterdrückte Gefühle, vor denen dein Kind Angst haben könnte? Manchmal werden eigene Gefühle unterdrückt, wenn der oder die Betroffene befürchtet, dieses Gefühl könnte so groß werden, dass er oder sie durch die Bewältigung überfordert wäre.

Beispiele wären Angst vor der eigenen Wut, die zu heftigen Aggressionen führen könnte, oder vor einer zu großen Traurigkeit, die subjektiv die Person „überrollen" würde.

Die innere Realität deines Kindes

Welche inneren Realitäten könnte dein Kind entwickelt haben?

Die Welt ist …

Die anderen Kinder sind …

Schule/Kindergarten/Arbeit ist …

Meine Eltern sind …

Gefühle sind …

Ohne mich geht es Mama und Papa …

…

Benjamin hat mit seinen fürsorglichen Eltern Petra und Thomas eine innere Realität entwickelt, die sich am besten mit dem Leitsatz überschreiben lässt: Die Welt ist gut, und am sichersten bin ich in der direkten Anwesenheit meiner Eltern.

Andere Kinder können möglicherweise gemein sein. Schon im Kindergarten hat Benjamin erlebt, dass andere Kinder mal schubsen oder auch mal zuhauen. Das machte Benjamin Angst. Am sichersten fühlte er sich bei Mama, die es ihm auch immer wieder ermöglichte, die Trennung zu vermeiden, indem sie ihn zu Hause bleiben ließ. Schließlich wollte sie doch für ihren Benni da sein. Wenn er nicht in den Kindergarten wollte, versuchte sie, an diesem Tag im Homeoffice zu arbeiten. Wenn es ihr einmal nicht möglich war, für Benni da zu sein, blieb Thomas mit Benjamin zu Hause. Die gut gemeinte Fürsorge führte in Benjamin zu einer Bestätigung seiner Ängste: Bei Mama und Papa geht es mir am besten, Gleichaltrige sind wirklich eine Gefahr und unberechenbar.

Es folgten Jahre in der Schule, in denen es ihm nicht gelang, sich zu integrieren. Er erlebte sich oft von anderen gemobbt und ausgeschlossen. Die Grundlagen für eine soziale Phobie, also für Ängste vor anderen Menschen, hatten sich entwickelt.

Das eigene Kind vor der Angst zu bewahren, ist ein verständlicher Impuls vieler Eltern, die einfach das Beste für ihr Kind wollen. Zugleich wird dem Kind jedoch die Botschaft vermittelt: *Du hattest recht mit deiner Angst, es gibt nicht nur eine subjektive, sondern auch eine reale Gefahr. Bleib bei uns, dann wird alles gut.*

Vielleicht hast du mit Hilfe der Fragen und Überlegungen ein Gespür dafür entwickeln können, was sich auf einer unbewussten Ebene hinter den nach außen gezeigten Ängsten verbergen kann. Je mehr du über die inneren Realitäten deines Kindes weißt (oder ahnst), desto leichter kann es gelingen, die unbewussten Befürchtungen zu verstehen und diese auch zu verändern.

In meiner Arbeit als Kinder- und Jugendlichen-Psychotherapeut erlebe ich eine breite Palette an verschiedensten unbewussten Ängsten. Die meisten dieser Ängste lassen sich in drei Kategorien einteilen:

1. Ängste vor Trennungen von den Eltern: Der Weg in die Schule, die Angst vor dem Einschlafen oder auch soziale Ängste können häufig aus einer inneren Trennungs- und Verlustangst resultieren. Innerlich hat das Kind die Befürchtung, ohne den direkten Kontakt zur Mutter oder zum Vater nicht „existieren" zu können. Ein Abschied, eine zeitliche Trennung vom entsprechenden Elternteil löst massive Ängste aus, die Mutter oder den Vater bzw. deren Liebe zu verlieren.
   Die Angst vor Trennung kann auch eine Folge der kindlichen Befürchtung sein, ohne seine direkte Kontrolle und Anwesenheit könnte den Eltern etwas Schlimmes passieren (Erkrankung oder Tod eines Elternteils oder auch eine Trennung der Eltern als Paar).
2. Ängste vor der eigenen Entwicklung: Vor allem bei Jugendlichen kommt es immer wieder vor, dass sie Angst vor der eigenen Entwicklung bekommen. Die nächsten Entwicklungsschritte bedeuten letztlich eine Loslösung von den eigenen Eltern und probehalber auf eigenen Beinen zu stehen. Wenn die/der Jugendliche nicht das

Gefühl hat, dass die eigene Bindung zu den Eltern so stabil ist, dass sie auch nach einer eigenen Autonomieentwicklung Bestand hat, wird sie/er sich schwertun, sich zu lösen.
Wer kein eigenes Selbstbewusstsein entwickelt hat, den Anforderungen des Erwachsenwerdens gewachsen zu sein, wird sich schwertun, sich zu lösen. Auch die anstehenden Entwicklungsaufgaben, eine*n Partner*in zu finden, können Angst auslösen, wenn sich derjenige nicht sicher ist, ob er in der Lage ist, Gefühle von Zuneigung zu entwickeln und zu erwidern, ohne sich dabei selbst zu verlieren.
3. Ängste vor den eigenen Gefühlen: Manchmal erleben wir, dass aus uns Gefühle herausbrechen können, die wir bis dato in dieser Form nicht hatten. Jeder Mensch ist zu allen Gefühlen, die es geben kann, in der Lage. Je bunter dieser Blumenstrauß an Gefühlen, der uns zur Verfügung steht, desto gesünder sind wir in der Regel.
Dennoch kann das eigene Erschrecken über diese Gefühle oder auch das Erschrecken der Umwelt darüber dazu führen, dass bestimmte Gefühle unterdrückt werden müssen. Die Befürchtung, die Kontrolle über dieses Gefühl zu verlieren, ist zu groß. Ein häufiges Beispiel ist hier die Wut. Viele, die sich nicht trauen, wütend zu werden – auch in Situationen, in denen sie sich eigentlich behaupten wollen – neigen zu Angststörungen oder zeigen depressive Tendenzen.

All diese Beispiele können nur als Anregungen für dich dienen. Du kennst dich und dein Kind am besten. Lass deine Gedanken schweifen und folge ihnen, auch wenn sie zunächst absurd scheinen. Das Unbewusste handelt nicht immer logisch. Die Fragen können dir helfen, dem Unbewussten deines Kindes auf die Spur zu kommen und mehr von deinem Kind zu verstehen.

Wenn dieses Verständnis gelingt, ist es leichter, zu einer neuen Haltung gegenüber den kindlichen Ängsten zu gelangen.

Die neue Erkenntnis

Was macht es mit dir, wenn du nun die inneren Ängste deines Kindes besser kennst oder erahnen kannst?

Was ist, wenn du siehst, eigentlich hat dein Kind nicht vor den anderen Kindern Angst, sondern vor der Trennung von dir, weil es glaubt, dass es dir sonst schlechtgeht?

Was ist, wenn du siehst, dass hinter der Angst vor Dunkelheit der Wunsch stecken könnte, sich in der Nacht nicht von dir trennen zu müssen? Vielleicht fürchtet dein Kind, dass sich seine Eltern wieder streiten oder sich gar trennen, wenn es nachts nicht „aufpasst“?

Was bedeutet es für dich, wenn du merkst, dein Kind hat Angst vor den nächsten eigenen Entwicklungsschritten, da es fürchtet, dass euer Kontakt dann schlechter wird?

Was heißt es für dich, wenn du merkst, die sozialen Ängste deines jugendlichen Sohnes sind nichts anders als die Angst vor der eigenen Wut und die Befürchtung, damit Schaden anrichten zu können?

Was heißt es für dich, wenn …?

Es geht nun nicht mehr darum, mit deinem Kind zu diskutieren, dass es am Gang Licht anschalten sollte, wenn es Angst vor der Dunkelheit hat.

Es geht nicht mehr darum, dass die Schule Angst macht und doch keine Angst machen müsste.

Es geht nicht mehr darum, ob ein lauter Knall Angst auslösen muss oder nicht.

Es geht nicht mehr darum zu überzeugen, zu diskutieren und am Ende doch wieder hilflos zu sein.

Es geht vielmehr um die inneren Themen, um die innere Realität.

Es geht um die eigentlichen, bisher verborgenen Gründe für die Angst deines Kindes.

Nun ist es deine Aufgabe, diese innere Realität mit der äußeren Realität abzugleichen. Es liegt bei dir und deinem Kind zu prüfen, ob diese innere Angst einen realen Grund hat und deshalb als Warnsignal verstanden werden kann.

Ist die innere Realität tatsächlich ein Spiegelbild des Äußeren, oder sieht es in Wahrheit ganz anders aus?

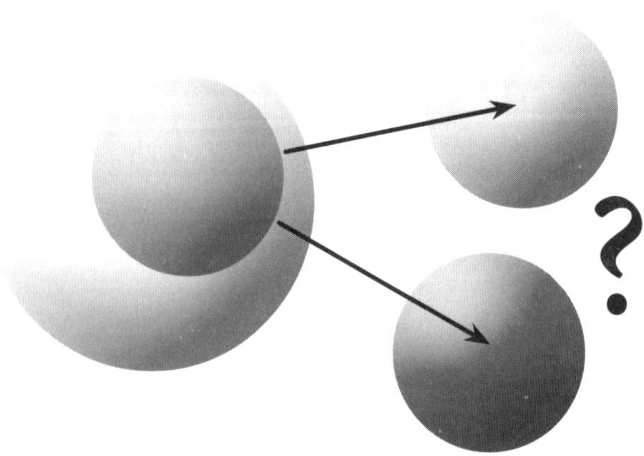

Das heißt konkret in unserem Beispiel: Fürchtet dein Kind, dir geht es schlechter, wenn es sich nicht um dich „kümmert" (indem es mit seinen Ängsten zu dir kommt und damit deine Aufmerksamkeit einfordert)? Dann geht es um die Frage: Ist dies tatsächlich so? Kann es sein, dass es dir tatsächlich schlechter geht? Dann braucht dein Kind die Angst noch.

Oder geht es dir nicht schlechter und du kümmerst dich selbst um dich (so wie Patricia aus der Geschichte mit Laura und ihrer Schulangst)? Dann kannst du dies deinem Kind zeigen.

Ein anderes Beispiel: Wäre tatsächlich die Gefahr da, dass du und dein Partner mehr streiten würden und ihr euch eventuell trennt, wenn dein Sohn nicht jede Nacht in euer Bett käme? Nun, dann ist es etwas, was sein kann und ihr es eurem Sohn auch zumuten dürft. Es ist nicht die Aufgabe deines Kindes, sich um dich oder deine Partnerschaft zu kümmern, also darfst du ihm die nächtliche Trennung zumuten. Es wird nicht daran zerbrechen.

Bei vielen Überprüfungen der äußeren Realität wirst du feststellen, dass das Ergebnis deinem Kind durchaus zumutbar ist oder sogar zugemutet werden sollte. In vielen Fällen liegt ein wichtiger Schritt darin, dem Kind somit auch die Angst zuzumuten. Denn die Angst vor etwas, das EVENTUELL bedrohlich ist, ist bedeutend schlimmer, als ein schwieriges Erlebnis, das dein Kind vielleicht eine Zeitlang belastet, aber mit dem es auf Dauer doch zurechtkommen kann.

Petra und Thomas erkannten, dass sich Benjamin als Folge ihrer elterlichen Überfürsorge nur in ihrer Nähe sicher fühlen konnte. Es war für beide erst nicht zu verstehen, dass Benjamin innerlich nicht auf dem Stand

eines Jugendlichen war, sondern eher dem eines Kleinkindes entsprach. Natürlich war Benjamin „überlebensfähig“. Natürlich könnte er die Loslösung von den Eltern verkraften und er könnte definitiv mehr, als er sich selbst zutraute.
Solange Petra und Thomas dies jedoch nicht von ihm einforderten, sondern ihn davor bewahrten, hatte er keine Chance, dies auch selbst so sehen zu können. Es wäre viel gewonnen, wenn Benjamin die Erfahrung machen würde, er könnte sich mit Gleichaltrigen treffen, ohne gleich in Panik zu verfallen. Vielleicht könnte er sich mit Freunden treffen und die entstehende Angst aushalten. Vielleicht könnte er sogar dabei Spaß haben und erleben, dass er die Fähigkeiten dazu hat oder entwickeln kann. Wie also könnten Petra und Thomas ihren groß gewordenen Benni dazu bewegen, sich der Angst zu stellen?

Welche Auswirkung hat das Erkennen der inneren Ängste auf dich?

Wie willst du nun handeln?

Fazit

Hinter den bewusst gezeigten Ängsten verbergen sich oft tiefere unbewusste Ängste.

Häufig beziehen sich diese Ängste auf die Trennung von den Eltern als wichtigsten Bezugspersonen, auf die Befürchtung, ohne direkten Kontakt der Eltern nicht stark und „lebensfähig" zu sein, auf Ängste vor der eigenen Entwicklung oder auf Ängste vor unterdrückten Gefühlen, die innerlich als „gefährlich" eingestuft wurden.

Lass diese Erkenntnisse über die möglichen unbewussten Gründe für die Angst deines Kindes auf dich wirken. Vergleiche diese innere Realität deines Kindes mit der äußeren Wahrheit und entscheide, wie du dich verhalten willst. Sind die inneren Befürchtungen deines Kindes realistisch oder sind sie es nicht?

Diese Fragen helfen, zu einer neuen Haltung gegenüber den Ängsten deines Kindes zu finden.

3. Halt haben

Um etwas verändern zu können, brauchen wir als Eltern Klarheit, die unserem Kind helfen kann, sich zu verändern. Eine eigene Klarheit zu gewinnen ist dann leichter möglich, wenn wir selbst in unserem Leben Halt haben; Halt in uns selbst, Halt in unserer Partnerschaft, Halt in unserem eigenen Freundeskreis.

Leider erlebe ich allzu oft, dass viele Eltern diesen Punkt völlig unterschätzen und denken: Hauptsache, dem Kind geht es wieder besser. Ich bin ja nicht so wichtig. Wenn es nur meinem Kind wieder gutgeht.

Und so lassen viele Eltern gerade die eigenen Kinder viel zu oft über ihre eigenen Grenzen gehen. Das Kind darf selbstverständlich wieder im Elternbett übernachten, wenn es Angst hat, auch wenn die Eltern dadurch selbst schlecht schlafen können oder gar ihre Partnerschaft leidet. Ein anderes Kind verfügt wie selbstverständlich untertags über die Eltern und bezieht sie ständig in die eigenen Ängste mit ein.

Wieder andere Eltern achten nicht mehr auf die eigenen Bedürfnisse und können sich gar nicht mehr erinnern, wann sie miteinander – ohne Kinder – zuletzt im Kino waren.

All diese Entwicklungen – aus dem guten Wunsch heraus, die Bedürfnisse des Kindes über die eigenen zu stellen und sich selbst nicht so wichtig zu nehmen – sind langfristig für die Entwicklung der Kinder schädlich, ganz zu schweigen von dem Schaden für die Eltern.

Was zeigst du deinem Kind, wenn du es über deine Grenzen gehen lässt? Du bist Modell und Vorbild und zeigst nichts anderes, als dass es völlig in Ordnung ist, ständig über die eigenen Grenzen zu gehen und auch andere über die eigenen Grenzen gehen zu lassen.

Wenn du hingegen deinem Kind zeigst: Ich lasse dich *nicht* in meinem Bett schlafen, weil ich auch meinen Schlaf brauche, dann achtest du auf dich und deine eigenen Bedürfnisse. Zugleich forderst du von deinem Kind, sich der Angst zu stellen, statt sie ihm sogleich wegzunehmen. Vielleicht braucht dein Kind genau diese Erfahrung: Mama bzw. Papa lässt sich durch meine Ängste nicht aus der Bahn bringen. Sie achten auch auf ihre eigenen Bedürfnisse.

**Du bist selbst verantwortlich,
für deinen Halt im Leben zu sorgen.**

Was würde dir helfen, dich anstehenden Veränderungen leichter stellen zu können? Jede veränderte Haltung, mit der alteingefahrene Muster durchbrochen werden, können Kraft und Energie rauben, da andere Familienmitglieder dagegen ankämpfen werden, die sonst auf ihre Vorteile dieser Muster verzichten müssten. Also brauchst du Energie, um deinem Kind wirklich hilfreich bei seinen Ängsten zur Seite stehen zu können. Du brauchst Energie, um dafür zu sorgen, dass du den Halt bekommst, der dir zusteht. Du brauchst Energie, damit du dein Kind begrenzen kannst.

Welche Hobbys könnten dir helfen, eigenen Halt zu haben? Welche Menschen tun dir gut und geben dir Energie?

All das ist essenziell. Damit du deinem Kind Halt geben kannst, musst du selbst Halt haben.

Du hast bereits genügend Punkte, die dir Halt geben, und hast auf dich und deine Bedürfnisse geachtet? Glückwunsch, dir ist etwas gelungen, was vielen Eltern nicht gelingt. Nun geht es darum zu schauen, wie du deinem Kind den nötigen Halt zur Veränderung geben kannst.

Deine Ressourcen

Welche Ressourcen gibt es in deinem Leben? Du erinnerst dich an die Übungen aus Kapitel 1. Was konntest du mit deinen Eltern und ihrer Partnerschaft erleben, das dir jetzt helfen könnte, Halt zu finden?

Stammst du beispielsweise aus einer Familie, in der Mutter oder Vater selbst unter Ängsten litten? Dann hast du vermutlich die Fähigkeit mitbekommen, Ängste bei anderen Personen sehr schnell zu bemerken. Du erkennst selbst schnell, wann dein Kind in die Ängste rutscht, und kannst dir überlegen, wie du darauf reagieren willst.

Deine Energielieferanten

Was gibt dir Energie? Welche Rituale im Alltag helfen dir, selbst wieder auftanken zu können? Hilft dir Musik? Sport? Meditation? Ein gutes Essen? Ein erholsames Bad?

Notiere hier, welche Methoden dir am besten helfen, wieder Energie zu bekommen. So hast du es bei Bedarf immer vor Augen. Alles, was wir aufschreiben, verankert sich auch besser in uns, sodass wir in Krisensituationen leichter darauf zurückgreifen können.

Wertvolle Menschen

Mit wem willst du mehr Zeit verbringen? Welche Menschen tun dir persönlich gut und können dich verstehen? Wäre es wichtig, zu manchen Menschen aus deinem Leben gezielt wieder Kontakt aufzubauen?

Nutze dein eigenes soziales Netz und verankere am besten regelmäßige Treffen in deinem Kalender. Jedes Treffen, das du nicht extra in Krisensituationen initiieren musst, ist wertvoll, da dir an diesem vereinbarten Tag wie selbstverständlich eine Person aus deinem Leben zur Verfügung steht. Schütze diese Termine vor allen anderen Terminen, damit diese im Alltag nicht verloren gehen.

Auch Petra und Thomas fiel auf, wie sehr sie ihr Leben nach den Wünschen ihres Sohnes gerichtet hatten. Der Satz: **Kinder kennen ihre Wünsche, aber nicht ihre Bedürfnisse**, war für sie ein Augenöffner. Natürlich war es früher Benjamins Wunsch gewesen, immer wieder im Elternbett zu schlafen. Sein Bedürfnis jedoch wäre es gewesen zu lernen, im eigenen Bett zu schlafen und zu erleben, dass er dies kann.

Petra und Thomas beschlossen, dass sie sich wieder Zeit für sich als Paar nehmen wollten. Zum Glück konnten sie Benjamin dazu bewegen, freitags immer bei der Oma zu schlafen, so hatten sie einen Abend für sich. Dieser freie Abend wurde für beide immer wichtiger, denn er bot ihnen die Möglichkeit, über Sachen zu sprechen, die sonst untergegangen wären.

Sie konnten wieder zu zweit essen gehen oder einen Film ansehen. Sie konnten sich wieder als Paar erleben. Erst dadurch wurde ihnen bewusst, wie sehr sich in den Jahren seit Benjamins Geburt ein ausschließlich auf Benjamin bezogener Alltag eingeschlichen und wie sehr dieser sie selbst eingeschränkt hatte.

Durch diesen wiedergewonnenen Raum konnten sie auch beginnen, mehr über Benjamin und dessen Ängste nachzudenken. Es war der Freiraum, den sie brauchten, der Abstand, um das Problem mit neuen Augen sehen zu können.

4. Halt geben

Wer Angst hat, hat den Halt verloren. Wer Angst hat, hat auch keinen inneren Halt mehr. Wer Angst hat, braucht Halt.

Was braucht dein Kind von dir? Die wichtigsten Punkte, die dir helfen, deinem Kind Halt zu geben, sind: präsent sein, sich nicht von den Ängsten deines Kindes anstecken lassen und selbst zu wissen, ob das Kind reale, also objektiv nachvollziehbare Gefahren meidet oder eben nur Angst vor einer inneren Realität bekommen hat.

> Präsente Eltern sind der wichtigste Halt für Kinder.

Wenn du selbst im Schritt 2 eine Ahnung bekommen hast, welche unbewussten Themen sich hinter der Angst deines Kindes verbergen, hast du bereits den wichtigsten Schritt gemacht, um deinem Kind innerlich anders begegnen zu können. Du hast ein Gespür dafür bekommen, welche Angst die primäre, die ursprüngliche Angst ist, und weißt, ob diese innere Angst deines Kindes eventuell eine reale Gefahr beinhaltet.

Nehmen wir beispielsweise wieder die Geschichte von Patricia und ihrer Tochter Laura. Wie du mittlerweile weißt, ist Lauras Angst vor dem Schulbesuch und vor möglichen Aggressionen eines Mitschülers nichts anderes als eine verschobene Trennungsangst: Laura hatte das Gefühl entwickelt, dass sie sich um ihre Mutter „kümmern" müsste.
Patricia war es in letzter Zeit schlechter gegangen, da bei ihr ein Tumor entdeckt wurde. Das heißt, es gibt tatsächlich eine reale Gefahr, die in beiden, in Mutter und Tochter, bewusst oder unbewusst Ängste auslöst.
Ist es nun eine logische Folge, dass sich Laura um ihre Mutter kümmern muss?
Nein. Das Überleben und das „Besiegen" des Tumors hängen real *nicht* davon ab, ob Laura sich um ihre Mutter kümmert. Ihr Gesundwerden hängt davon ab, dass sie sich um sich selbst kümmert und zu den richtigen Ärzten geht, die ihr weiterhelfen können. Zum Glück hat Patricia erfahren, dass der Tumor nicht gestreut hat und leicht entfernt werden kann (Realität). Natürlich bleibt eine Befürchtung, wie es weitergeht, ob dies wirklich so ist oder ob im Laufe des Lebens weitere Tumorzellen auftauchen. Aber all das kann Patricia nicht beeinflussen.
Sie kann aber ihrer Tochter erklären, dass sie diese Krankheit hat und dass sie alles machen wird, sich um ihre Gesundheit zu kümmern. Das ist der erste Schritt, um Laura wieder Halt zu geben. Zudem muss sie Laura in die Schule schicken, um ihr zu zeigen, dass sie all dies ernst meint und Laura sich getrost wieder ihrer eigenen Welt zuwenden kann. Wenn sie ihrer Tochter

zeigt, dass sie sich kümmert und ihr auch dadurch Halt gibt, indem sie Laura wieder in die Schule schickt – egal, ob diese gerade Angst hat oder nicht – kann sie es Laura ermöglichen, die eigene Angst wieder „herunterzufahren".

Patricia sieht also den wahren Kern hinter der Angst ihrer Tochter, aber erkennt auch, was es braucht, damit Laura den nötigen Halt bekommt. Dieser Halt entsteht dann, wenn Patricia ihre Krankheit nicht mehr tabuisiert, sondern offen anspricht. Die Ahnung, dass etwas mit Mama nicht stimmt, kann Befürchtungen größer machen, als sie sein müssten, wenn Laura mit der Realität konfrontiert wird.

Es ist ein wichtiger Schritt, dass Laura in kindgerechten Worten von ihrer Mutter hört, warum es ihr in letzter Zeit schlechter geht, und dass sie zugleich erlebt, dass auch diese Krankheit nichts ist, vor dem sich Laura so sehr fürchten müsste, dass sie die eigene Entwicklung aufgeben müsste. Laura erlebt, dass ihre Mutter unter der Krankheit leidet. Aber sie erlebt so auch, dass ihre Mutter alles Nötige macht, um sich der Erkrankung zu stellen.

Diese Worte werden nur glaubwürdig, wenn Patricia ihre Tochter wieder konsequent in deren eigenes Leben zurückschickt – in diesem Fall also alles macht, damit Laura wieder in die Schule geht.

Deine Aufgabe als Mutter oder als Vater ist es *nicht*, deinem Kind die Angst zu nehmen. Deine Aufgabe ist es, dein Kind zu begleiten, damit es selbst lernt, mit den eigenen Ängsten umzugehen und diese zu reduzieren. Eine Angst, die dem

Kind genommen wird, indem die Eltern sofortige Sicherheit bieten, neigt dazu, größer zu werden und zu chronifizieren.

Mit folgenden Sätzen kannst du selbst für den Beginn einer ausgewachsenen Angststörung sorgen:

„Dann bleibst du heute (wegen deiner Angst) zu Hause."

„Wir drehen jetzt wieder um. Aber morgen gehst du in den Kindergarten."

„Wenn du Angst vor den anderen Kindern hast, musst du nicht zum Ballettkurs/Fußball gehen."

In all diesen Situationen bekommt die Psyche deines Kindes das Signal:

Jetzt muss ich keine Angst mehr haben. Ich bin in Sicherheit. Aber wer weiß, wenn Mama (wenn Papa) schon selbst nachgibt, gibt es vielleicht wirklich etwas Bedrohliches in der Schule/im Kindergarten/im Sportverein.

Kurzfristig ist dein Kind erleichtert; langfristig wird es ihm sehr schwerfallen, sich aus den Ängsten zu befreien.

Ich kann mich an eine Familie erinnern, in der die Eltern sehr früh spürten, dass der Junge im Kindergartenalter bereits Angst hatte, anderen Kindern auf dem Spielplatz zu begegnen.

Ihre Reaktion war nicht, sich zu überlegen, wie ihr Kind es schaffen könnte, mit den anderen in einen guten Kontakt zu kommen, sondern sie vermieden Spielplätze, zumindest solange sich dort andere Kinder aufhielten.

Dieser Junge kam als Jugendlicher mit ausgeprägten sozialen Ängsten und gelegentlichen Panikattacken zu mir. Irgendetwas gab es im Leben dieser Familie, das es ihnen schwer machte, dem Jungen im Kleinkindalter den nötigen Halt zu geben, sodass dieser gestärkt aus der Krise hervorgegangen wäre. So konnte sich vor dem Hintergrund dieser frühen Angstvermeidung eine manifeste Angststörung entwickeln.

All dies gilt natürlich nur, wenn es keinen realen, objektiven Grund für die Angst gibt. Sobald es diesen realen Grund gibt, ist es wichtig, entsprechend zu handeln. Wenn du beispielsweise feststellst, dass dein Kind mit der Schule und den entsprechenden Anforderungen überfordert ist und an einer anderen Schule besser aufgehoben wäre, wird es Zeit für einen Schulwechsel. Schließlich gibt es heute viele Möglichkeiten für geeignete Schullaufbahnen. Es muss nicht immer das Gymnasium sein. Wenn du deinem Kind ermöglichst (und auch davon überzeugt bist), wirklich adäquat seiner Leistungsfähigkeit beschult zu werden, dürften die Schulängste von allein verschwinden, und dein Kind geht als selbstbewusster Mensch viel leichter in das eigene Leben.

Hast du jedoch festgestellt, dass die Ängste deines Kindes nicht auf eine äußere Realität zurückzuführen sind, sondern in der inneren Realität deines Kindes wurzeln, braucht es dich als Haltgeber. Haltgeber sein heißt in diesem Fall, dafür zu sorgen, dass dein Kind sich der Angst stellen kann.

Je fester du selbst diese Grenzen in dir als selbstverständlich trägst, desto leichter wird es deinem Kind fallen, diese Grenzsetzungen auch zu akzeptieren. Wenn du in dir verankert hast, dass dein Kind sehr wohl neue Anforderungen meistern wird und in den Kindergarten oder in die Schule gehen kann, dann wird dein Kind leichter diesen Anforderungen gerecht werden.

Selbstverständlich ist dies nicht immer leicht, gerade weil es eben diese innere Verbindung zwischen Eltern und Kind gibt. Es fällt viel leichter, bei anderen Kindern klar und konsequent zu sein, als bei den eigenen. Jeder Moment, in dem dir diese Klarheit und diese deutliche Grenzsetzung gelingen, ist ein erfolgreicher Moment.

Erziehung ist oft nicht eine Frage der richtigen Konsequenzen, sondern der richtigen inneren Haltung.

Manchmal ist es auch sinnvoll, andere Leute einzubeziehen. Nicht selten erlebe ich, dass bei Ängsten vor dem Schulbesuch die Väter viel klarer und grenzsetzender sein können und ihr Kind leichter in der Schule „abliefern" können als die Mütter. Dies hat schlicht und einfach damit zu tun, dass bereits von Natur aus Müttern und Vätern unterschiedliche Rollen zugedacht sind: Bereits die Bindungsforschung hat gezeigt, dass Mütter eher in ihrer Fähigkeit gefragt sind, empathisch mit dem Kind umzugehen, und Väter eher in ihrer Spielfeinfühligkeit, also in einem feinfühligen Heranführen an die Welt.

Mütter sind häufig die besseren Tröster und diejenigen, die ihr Kind wieder auffangen, wenn es schwierige Erlebnisse hinter sich hat; Väter sind oft die konsequenteren Grenzsetzer.

Ein Kind braucht beides: Es braucht eine Mutterperson (die Geschlechterzuordnung muss nicht immer eindeutig verteilt sein) und es braucht eine Vaterperson.

Vor der Angstsituation braucht dein Kind eher jemanden, der genau diese väterliche Rolle übernehmen kann und dem Kind klipp und klar signalisiert, dass er davon ausgeht, dass es sich der Angst stellt. Nach der Angstsituation braucht dein Kind eher jemanden in einer mütterlichen Rolle.

Dein Kind kann dann loswerden und erzählen, wie furchtbar heute alles war, wie sehr es Angst hatte und seine Kuscheltiere vermisst hat. All das erzählt es eher einer mütterlichen Person, und es braucht dann eben eine Mama. Eine Mama, die zuhört und die nicht gleich handelt und wieder etwas verändern muss.

Wenn dein Kind erzählt, wie gemein die anderen Mitschüler wieder waren, will es das einfach erst mal nur erzählen und spüren, dass es jemanden gibt, der es versteht. Wenn sich dein Kind von dir verstanden fühlt, kann es morgen wieder leichter in die beängstigende Situation starten.

Es ist nicht nötig, dass du sofort die anderen „gemeinen" Kinder zur Rede stellst oder dich an die Lehrerin wendest, sondern es braucht dich, dein offenes Ohr, dein Trösten und Verständnis.

Begrenze dein Kind, wenn es den Angstauslöser vermeiden will, oder suche dir jemanden, der diese Rolle für dein Kind übernehmen kann. Gib deinem Kind die Chance, sich der Angst stellen zu können, und unterstütze es hierbei statt in der Vermeidung der Angst.

Falls du merkst, dass die gesamte Angst noch zu groß ist, um von deinem Kind auf einmal bewältigt zu werden, finde mit ihm gemeinsam heraus, welche Teilschritte möglich sind.

Geht es zum Beispiel um Angst vor dem Schulbesuch, könnte es sinnvoll sein, gemeinsam mit dem Kind zu überlegen, wie viele Schulstunden am Anfang machbar sind. Dabei ist es besser, dein Kind geht täglich für zwei Stunden in die Schule, als dass es an zwei Tagen die Schule besucht und drei Tage zu Hause bleibt. Die Regelmäßigkeit des Übens ohne lange Zwischenpausen unterstützt die schrittweise Reduktion der Angst. Finde gemeinsam mit deinem Kind heraus, wie viel der Angst ihm bereits zugemutet werden kann:

Du versuchst, bei dir einzuschlafen. Frühestens nach zwei Stunden kommst du zu Mama und Papa ins Bett.

Du gehst jeden Tag in die Schule. Wir beginnen mit zwei Stunden täglich und verlängern nach einer festgelegten Zeit um eine weitere Stunde, bis du den ganzen Schultag schaffst.

Du gehst auf alle Fälle fünfmal zum Fußballtraining. Danach überlegen wir gemeinsam weiter, was du brauchst, dass du dortbleiben kannst, wenn dir das Training eigentlich Spaß macht.

Biete deinem Kind keinen Notausgang zurück in die Vermeidung („Wenn es nicht funktionier, ruf mich an“). Sonst wird es sich nicht voll und ganz auf die Situation einlassen.

Die Erfahrung zeigt, dass Ängste kleiner werden, wenn die Angstsituation nicht gemieden wird. **Die Psyche deines Kindes wird in der Regel automatisch mit der Zeit innere Strategien entwickeln, um mit der Situation zurechtzukommen. Nur so kann dein Kind die Erfahrung machen, dass es die Angst bewältigen kann, vielleicht im Ganzen oder in kleinen Schritten.**

Die Erfahrung „ich habe es geschafft“ ist wichtig. Danach kannst du dein Kind dafür loben, dass es die Situation ausgehalten hat. Vielleicht hat es sogar genießen können, dass es etwas erreicht hat. Es geht nicht darum, dass dein Kind in dieser Situation angstfrei sein müsste, sondern die Angst gerade so aushalten kann.

Teilziele

In welche Teilziele könntest du mit deinem Kind die Angstbewältigung unterteilen?

Welches ist die kleinste Angst, welches ist die größte vorstellbare Angst?

Welche Angst will dein Kind zuerst angehen und dafür Strategien entwickeln?

Entwickle gemeinsam mit deinem Kind ein Verständnis dafür, woran es durch die Angst gehindert wird und was es an Schönem und Wichtigem erleben und erreichen könnte, wenn es Strategien zur Angstbewältigung entwickelt.

Haltgebende Menschen

Wer könnte dich unterstützen, Haltgeber zu sein? Wer darf dich darauf aufmerksam machen, wenn deine Haltung gerade für das Kind verunsichernd war und nicht haltgebend? Wer könnte bei entscheidenden Situationen ein hilfreicher Begleiter für dein Kind sein?

Nutze dein eigenes Netz, deinem Kind haltgebend zur Seite zu stehen.

Benjamin war schon jugendlich und seine Ängste zu einer Angststörung herangewachsen, als Petra und Thomas begannen sich zu verändern. Als Erstes suchten sie das Gespräch mit ihrem Sohn. Eigentlich hatten sie das schon lange nicht mehr gemacht. Es war ungewohnt, mit ihm darüber reden zu wollen, aber es lohnte sich.
Thomas war derjenige, der mit Benjamin darüber sprach, dass aus seiner Sicht die Angst immer mehr zum Problem wurde und dass er sich Sorgen macht, wie das Ganze in fünf Jahren sein könnte. Benjamin hörte unwillig zu und sagte keinen Ton. Nach außen hin war er der motzige Jugendliche, aber er registrierte sehr genau die Sichtweise seines Vaters.
Petra war eher die Verständnisvolle. Sie stellte Benjamin viele Fragen: Was genau macht dir Angst? Was würde passieren, wenn du mit den anderen sprichst? Warum ist es für dich schlimm, wenn dir nicht gleich die richtigen Worte einfallen? Widerwillig antwortete Benjamin zumindest auf manche der Fragen, bis er das Gespräch mit den Worten abbrach: „Ihr versteht mich einfach nicht."
Am nächsten Tag kam Petra mit dem Vorschlag auf ihn zu, doch etwas mit einem Jungen auszumachen, den er noch am nettesten fand. Benjamin fand dies peinlich, aber Petra blieb hartnäckig. Sie überlegten gemeinsam, was „schieflaufen" und was Benjamin dann machen könnte. Schließlich ließ er sich doch auf ein Treffen ein und formulierte gemeinsam mit seiner Mutter eine Nachricht an seinen früheren Freund Luca. Die nächsten zwei Stunden war Benjamin damit beschäftigt, ständig auf sein Handy zu schauen, ob seine Nachricht gelesen

worden ist und ob Luca reagiert habe und wenn ja, wie. Der erste Schritt zu einer Überwindung der Angst war getan. Petra und Thomas wussten, dass sie nun weiterhin für ihren Sohn haltgebend und begrenzend da sein mussten. Sie wussten auch, dass sie ihren Sohn gerne in eine Therapie schicken würden, aber dafür war er noch nicht offen genug. Er begann erst jetzt langsam, seine Angst als das eigentliche Problem zu begreifen.

Fazit

Haltgebend heißt in erster Linie präsent zu sein.

Begrenze dein Kind in seiner Angst.

Nimm dein Kind nicht aus der Angstsituation, sondern überlege mit ihm gemeinsam, wie es die Angst bewältigen kann.

Wie kann es trotz Angst im eigenen Bett schlafen, in die Schule gehen, die Bewerbung schreiben und abschicken?

Was braucht es von dir, damit es diese Aufgaben schafft?

Falls das gesamte Ziel zu hochgesteckt sein sollte, da die dahinterliegende Angst zu groß ist, ist es hilfreich, gemeinsam Teilziele zu formulieren.

Falls dein Kind dich eher in einer versorgenden Rolle benötigt, gib ihm den Rückhalt. Aber sorge zugleich dafür, dass jemand anderes den begrenzenden Part übernimmt. Vielleicht kann ein älterer Nachbarjunge dein Kind in die Schule begleiten? Um Halt zu bekommen, benötigt dein Kind aber auf alle Fälle jemanden, der es in seiner Angst begrenzt und die realen Aufgaben von ihm einfordert. Natürlich benötigt dein Kind auch dein Verständnis und das ehrliche Anerkennen, was es leistet, wenn es sich der Angst stellt. Beides ist wichtig: Das Begrenzen und das Verstehen – übe dich darin, beides zu geben: Das Verständnis für dein Kind sollte die vorhandenen Grenzen nicht verschieben.

5. Fördern statt Fordern

Thomas war der fordernde Vater, Petra die verständnisvolle Mutter. Beide ergänzten sich in ihren Rollen. Zum Glück gelang ihnen das, was vielen Paaren schwerfällt: sich gegenseitig in ihren unterschiedlichen Rollen zu akzeptieren. Solange beides existiert, ohne sich auszuschließen, kann Benjamin nur profitieren.
Beiden war jedoch auch klar, dass Benjamin schnell an seine Grenzen kommen würde. Er hatte sich in den letzten Jahren so sehr in sich selbst zurückgezogen, dass ihm auch die Übung im Kommunizieren fehlte. Er war es schlichtweg nicht mehr gewohnt, sich ernsthaft um gelingende Kontakte zu bemühen. Natürlich halfen ihm seine Ängste und Panikattacken auch, dieser Herausforderung weiterhin aus dem Weg gehen.
Benjamin traute seinen Augen nicht: Sein früherer Freund Luca hatte sich tatsächlich gemeldet. Das Handy zeigte ihm eine deutliche und klare Zusage. Mit der Freude über dieses gut bewältigte Experiment kam auch zugleich die Angst zurück. Benjamin wurde schwindlig, seine Beine zitterten, mit Mühe und Not schaffte er den Weg zur Toilette, ihm war schlecht vor Angst.
Petra befürchtete schon das Schlimmste, als er wieder zurückkam und seine Mutter mit großen Augen ansah: „Und was jetzt?"

Jetzt ging es ans Eingemachte: Petra setzte sich mit Benjamin hin und besprach mit ihm alle möglichen Situationen und Befürchtungen. Was könnte er sagen? Was wollte er von Luca wissen? Was wollten sie unternehmen? Was, wenn Luca doch absagte? Was könnte er tun, wenn ihm schlecht würde? Tausend Fragen schossen Benjamin durch den Kopf und alle verlangten nach einer Antwort.

Natürlich hätte Benjamin vorab gerne eine einhundertprozentige Sicherheit gehab, dass alles gut laufen würde.

Petra zeigte ihm, dass es dafür natürlich keine Garantie gebe. Sie wollte ihn nicht mit Äußerungen beschwichtigen, wie: „Du wirst sehen, das läuft sicher alles gut.“ Dadurch erlebte Benjamin seine Mutter als ehrlich. Zwei Sätze halfen ihm besonders, sich doch auf das Treffen einzulassen: „Egal, wie es ausgeht, wir haben dich lieb. Dann kommst du heim und wir päppeln dich erst mal wieder auf.“

Nun ist aus den bisherigen Überlegungen klar geworden, welche Grenze du als Mutter bzw. als Vater ziehen solltest. Du siehst, was du momentan deinem Kind zumuten kannst. Für viele Kinder ist dies bereits der entscheidende Schritt. Sie spüren, dass ihnen etwas zugemutet wird, sie spüren aber auch, dass es ihnen zugetraut wird.

Vielen gelingt es allein durch diese geänderte Haltung ihrer Eltern, sich der Angst stellen zu können und zu erleben, dass sie selbst die Angst bewältigen können. Andere Kinder benötigen noch mehr konkrete Hilfestellungen durch ihre Eltern.

Dann reicht das alleinige Fordern, sich der Angst zu stellen, nicht aus.

Schließlich sind sie es schlichtweg nicht gewohnt und haben keine Übung darin, sich der Angst zu stellen. Der Jugendliche mit sozialen Ängsten hat vielleicht tatsächlich keine Idee mehr, wie er mit den anderen kommunizieren könnte. Das Mädchen mit der Angst vor dem Schulbesuch braucht vielleicht konkrete Unterstützung, wie es diesen Schritt schaffen kann. Es benötigt eine hilfreiche Person in der Schule und auch Ideen, wie es den Mitschülern ihre häufigen und langen Fehlzeiten vermitteln kann. Und es braucht Mut, die Hürden zu nehmen.

Überlege dir, welche Stärken dein Kind hat. Vielleicht überlegt ihr auch gemeinsam, welche Ressourcen du an deinem Kind wahrnimmst und welche es selbst kennt. Alle Herausforderungen, die es im Leben gemeistert hat, sind ein wichtiger Schatz, den es nutzen kann.

Die Situation, als dein Kind zur Lehrerin ging und sich traute, mit ihr über die Erlebnisse auf dem Pausenhof zu sprechen, war möglicherweise so ein Mut-Moment. Das Seepferdchen, das deine Tochter mit Mühe und doch mit großer Hartnäckigkeit und Ausdauer geschafft hat, kann ein weiterer Helfer sein, sich nun auch anderen Herausforderungen zu stellen.

Das Wissen, gemocht zu werden, egal, was gerade los ist, gehört zu den wertvollsten Schätzen, den dein Kind in sich trägt.

Überlege dir alles, was sich förderlich auf dein Kind ausgewirkt hat und nun deinem Kind Mut machen könnte, sich der Angst zu stellen.

Erstelle in Gedanken (oder auch real) ein Fotoalbum der wertvollsten Schätze. Das Wissen, geliebt zu werden, und das Wissen, schwierige Situationen gemeistert zu haben, helfen, sich den neuen Abenteuern des Lebens zu stellen.

Mache in Gedanken (oder auch real) eine Ressourcenliste deines Kindes. Was kann es gut? Welche dieser Fähigkeiten könnten ihm helfen, die Ängste zu besiegen? Ist dein Kind beispielsweise kreativ? Vielleicht findet es neue, kreative Lösungswege, mit der Angst umzugehen, die uns Erwachsenen nicht einfallen würden. Ist dein Kind stur, nennen wir es hartnäckig? Dann kann es sich der Herausforderung Angst genau mit dieser Hartnäckigkeit stellen.

Hat dein Kind bereits bewiesen, mit Angst in anderen Bereichen umgehen zu können? Dann kann es dies auch mit der jetzigen Angst.

Schatzkiste an wertvollen Erfahrungen

Welche wertvollen Erlebnisse und Erfahrungen hat dein Kind in sich verankert und braucht nur daran erinnert zu werden? Welche Situationen hat es gemeistert?

Die Ressourcen deines Kindes

Welche Fähigkeiten, Charaktereigenschaften und Stärken hat dein Kind? Was macht es unverwechselbar?

Was davon kann ihm helfen, sich der Angst zu stellen?

Fazit

Sich der Angst zu stellen, erfordert einiges an Mut von deinem Kind.

Schaut euch gemeinsam die Stärken und Ressourcen im Leben deines Kindes an, die es mitbringt.

Schaut euch gemeinsam an, welche Herausforderungen dein Kind im Leben schon gemeistert hat, und lasst euch davon ermutigen. Je hoffnungsvoller dein Kind sich der Angst stellen kann, desto leichter wird es diese auch bewältigen können.

Bei jüngeren Kindern kann es sinnvoll sein, diese Schatz- und Ressourcenkiste tatsächlich zu erstellen. Bei Jugendlichen genügt vielleicht eine Erinnerung an das bereits Erreichte.

6. Befähigen

> Unsere Aufgabe als Eltern ist es nicht,
> unsere Kinder vor schwierigen Gefühlen zu bewahren.
> Unsere Aufgabe ist es, unsere Kinder fähig zu machen,
> mit diesen schwierigen Gefühlen zurechtzukommen
> und mit diesen umgehen zu lernen.

Alle Kinder und Jugendlichen brauchen in erster Linie Eltern, von denen sie sich unter allen Umständen gemocht und geliebt fühlen und die ihnen einen Rahmen vorgeben. Eltern, die den Kindern Halt geben und sie in ihren Ängsten begrenzen, sind das Wichtigste für Kinder mit Ängsten. Wenn dein Kind dann so weit ist, dass es sich den Ängsten stellen will und sich an eigene Stärken erinnert, die ihm helfen können, mit der Angst umzugehen, kann es trotzdem sein, dass ihm das nötige Know-how fehlt.

Jetzt ist es an der Zeit, dein Kind zu befähigen, sich der konkreten Angstsituation zu stellen: Denke an Petra: Sie hat mit Benjamin Schritt für Schritt seine Befürchtungen besprochen. Überlege mit deinem Kind, was es tun kann, wenn die Angst auftaucht. Erarbeite mit ihm Lösungswege, die ganz konkret helfen, sich der Angstsituation zu stellen. Kinder haben einen großen Einfallsreichtum, um mit Situationen klarzukommen. Alles, was hilft, der Angst nicht auszuweichen, sondern diese durchzustehen oder besser noch zu bewältigen, ist hilfreich.

Hilft es deinem Kind, tief durchzuatmen?

Hilft es, wenn es sich darauf konzentriert, einen Fuß vor den anderen zu setzen?

Hilft es deinem Kind, an etwas völlig anderes zu denken?

Hilft es, ein Kuscheltier dabeizuhaben, von dem es sich gestärkt fühlt?

Hilft es, wenn es von einem Freund auf dem Weg begleitet wird?

Hilft es, sich auszumalen, wie die Lieblings-YouTuberin damit umgehen würde?

Hilft es deinem Kind, sich vorzustellen, es wäre eine bestimmte Person aus einem PC-Spiel?

Hilft es, die Faust zu ballen und dann wieder locker zu lassen?

Hilft es, sich ein paar Sätze zu merken, die es als Ersteinstieg in ein Gespräch (bei sozialen Ängsten) verwenden kann?

Wäre ein Entspannungstraining hilfreich?

Wäre es gut, ein soziales Kompetenztraining mitzumachen?

Wäre eine Psychotherapie hilfreich, um eine außenstehende Fachperson mit im Boot zu haben?

Es gibt viele Fragen; nur du und dein Kind können die entscheidenden Fragen und Hilfen kennen.

Konkrete Schritte

Was kann dein Kind in der Angstsituation tun? An was kann es denken, wenn die Angst kommt? Was kann es konkret unternehmen?

Schreibe diese Schritte auf bzw. lasse dein Kind diese Schritte notieren, damit es auch in der Krisensituation einen Zettel hat, der hilft, sich zu erinnern.

Fazit

Überlege dir, eventuell gemeinsam mit deinem Kind, welche konkreten Schritte es machen kann, wenn die Angst kommt.

Lasse dich nicht abspeisen mit einem „Es wird schon nicht so schlimm sein". Es geht vielmehr darum, innerlich über ein eigenes, individuelles Handwerkszeug zu verfügen, das in der konkreten Angstsituation hilft.

Dabei geht es um hilfreiche Gedanken oder Handlungen, die dazu beitragen können, dass dein Kind sich nicht aus der Angstsituation befreien muss, sondern diese bewältigt.

Falls du hierfür weitere Unterstützung suchst, begleite ich dich gerne auf www.therapie2go.com/angstfreikids/

Das Wichtigste im Überblick

Herzlichen Glückwunsch!

Du hast dir nun das nötige Rüstzeug erarbeitet, um dein Kind zu befähigen, sich selbst aus eigenen Angstmustern zu lösen. Ängste, die aus unbewussten Motiven heraus entstehen, brauchen genau diese Haltung und Einstellung von dir als Mutter bzw. dir als Vater, damit sie verstanden werden können und sich verändern dürfen.

Du hast die Fähigkeit, dein Kind in seinen Ängsten besser zu verstehen. Der Blick auf deine eigene Vergangenheit und deine eigenen inneren Realitäten können dir helfen, dein Kind und dessen innere Realität zu begreifen. Je mehr du diese unbewusste, innere Realität als handlungsleitende Realität deines Kindes begreifen und verstehen kannst, umso mehr kannst du deine eigene Haltung gegenüber deinem Kind und dessen Ängsten ändern.

Wer sein Kind verändern will,
verändert vielleicht die Hülle seines Kindes.
Wer sich selbst ändert, gibt seinem Kind die Chance,
sich auch selbst zu ändern.

Jede Veränderung beginnt bei uns selbst. Der eigene Halt im Leben ist die wichtigste Voraussetzung, damit du deinem Kind den nötigen Halt geben kannst. Halt entsteht auch dadurch, dass du überprüfst, inwieweit die Ängste deines Kindes auf objektiven Gefahren beruhen oder eher Ängste vor inneren Realitäten sind.

Prüfe, inwieweit den Ängsten möglicherweise reale Gefahren zu Grunde liegen. Wenn dies nicht der Fall ist, sondern die Angst inneren unrealistischen Befürchtungen entspringt, darfst du jederzeit dein Kind in seinen Ängsten begrenzen und ihm die Angstsituation zumuten.

Jede neue Erfahrung deines Kindes unterstützt eine realistische Einschätzung, wie gefährlich oder eben nicht gefährlich die Angstsituation tatsächlich ist, und hilft mit, dass die inneren Ängste weniger werden dürfen. Die Realität, die aushaltbar war, ist hilfreicher als jedes noch so gut gemeinte Wort, das du an dein Kind richtest.

Sobald du sicher bist, dass dein Kind die Angstsituation bewältigen kann, solltest du beginnen, es nach besten Kräften zu unterstützen, damit es sich selbst dieser Angst stellen kann. Das heißt nichts anderes, als dass du vor und nach der Angstsituation für dein Kind da sein kannst, nicht aber in der Angstsituation selbst, denn das ist die Aufgabe deines Kindes.

Du kannst dein Kind vorher stärken, ermutigen und es trainieren, dass es sich der Angst stellen kann. Du kannst danach dein Kind loben und bestärken, dass es die Aufgabe gut bewältigt hat.

Alles andere ist die Aufgabe deines Kindes.